Genussmomente

BLECHKUCHEN BACKEN

EMF

EIN BUCH DER
EDITION MICHAEL FISCHER

INHALTSVERZEICHNIS

GRUNDLAGEN

GRUNDTEIGE

Grundteige bilden eine gute Basis für Blechkuchen: Sie lassen sich mit Gewürzen und Aromen verfeinern, und mit verschiedenen Füllungen oder Toppings kann man aus dem gleichen Grundteig ganz unterschiedliche Kuchen backen.

BISKUITTEIG

ZUTATEN

- 5 Eier (Größe M)
- Salz
- 150 g Zucker
- 100 g Mehl (Type 405)
- 40 g Speisestärke
- 1 Pck. Vanillezucker
- 1 TL Backpulver

SO GEHT'S

Den Ofen auf 180 °C (Ober-/Unterhitze) vorheizen. Die Eier trennen. Eiweiß mit 1 Prise Salz steif schlagen, dabei den Zucker langsam einrieseln lassen. Die Eigelbe nacheinander unterrühren. Mehl, Speisestärke, Vanillezucker und Backpulver mischen und vorsichtig unterheben.

Ein Backblech (30 x 40 cm) mit Backpapier auslegen. Den Teig daraufgeben, glatt streichen und im heißen Ofen etwa 10 Minuten backen. Stäbchenprobe nicht vergessen! Den Biskuit aus dem Ofen nehmen und auf einem Kuchengitter auskühlen lassen.

Noch fluffiger wird ein Biskuit, wenn man das Eigelb mit einem Teil des Zuckers hell aufschlägt und die Eigelbmasse erst dann unter das Eiweiß hebt.

TIPP

Anstelle der Speisestärke könnt ihr auch 1 Päckchen Vanillepuddingpulver verwenden.

HEFETEIG

ZUTATEN

- 250 ml lauwarme Milch
- 70 g Zucker
- 1 Würfel frische Hefe (42 g)
- 600 g Mehl (Type 550)
- 1 TL Salz
- 2 Eier (Größe M)
- 100 g weiche Butter

SO GEHT'S

Milch und Zucker mischen. Die Hefe hineinbröseln und 5 Minuten quellen lassen. Mehl, Salz, Eier und Butter zur Hefe geben und mit dem Knethaken der Küchenmaschine 10 Minuten zu einem glatten Teig verkneten. Den Teig zu einer Kugel formen, in eine Schüssel geben und 1 Stunde abgedeckt an einem warmen Ort gehen lassen. Dder Teig sollte sein Volumen verdoppeln. Nochmals durchkneten.

Den Teig auf einem mit Backpapier ausgelegtem Blech ausrollen und 15–20 Minuten gehen lassen. Je nach Belag benötigt der Teig im heißen Backofen etwa 25–30 Minuten.

RÜHRTEIG

ZUTATEN

- 5 Eier (Größe M)
- 250 g Zucker
- 1 Pck. Vanillezucker
- 300 g Mehl (Type 405)
- 1 Pck. Backpulver
- 100 ml neutrales Speiseöl
- 180 ml kohlensäurehaltiges Mineralwasser

SO GEHT'S

Den Ofen auf 180 °C (Ober-/Unterhitze) vorheizen. Die Eier mit Zucker und Vanillezucker schaumig schlagen. Mehl und Backpulver mischen und im Wechsel mit dem Speiseöl und dem Mineralwasser unter die Eiermasse rühren.

Ein Backblech mit Backpapier auslegen. Den Teig auf das Blech streichen und etwa 20 Minuten backen.

TIPPS & TRICKS

1. Natron darf nur kurz unter einen Teig gerührt werden, sonst verliert es seine Wirkung. Teige mit Natron zügig in den Ofen schieben.

2. Auch Teige mit Backpulver sollten am besten sofort gebacken werden.

3. Biskuitteig muss ebenfalls schnell in den Backofen, sonst fällt der Eischnee wiederzusammen.

4. Am besten bereitet ihr das Backblech gleich am Anfang vor, dann kann der Teig sofort nach der Zubereitung in den Ofen.

5. Backpapier schmiegt sich besser an Blech oder Form, wenn ihr es vorher zusammenknüllt und dann wieder glattstreicht.

6. Das Backpapier rutscht nicht weg, wenn ihr das Blech ein wenig anfeuchtet, bevor ihr es mit Backpapier auslegt.

7. Rührteige werden fluffiger, wenn Mineralwasser mit Kohlensäure eingerührt wird.

8. Damit Eiweiß wirklich steif wird, sollte die Schüssel fett- und eigelbfrei sein.

9. Wird Mürbe- oder Blätterteig für einen Kuchenboden verwendet, vor dem Backen mehrmals mit einer Gabel einstechen.

10. Bei Biskuitteig das Mehl immer sieben. So wird der Teig noch fluffiger.

11. Etwa 5–10 Minuten vor Ende der Backzeit die Stäbchenprobe machen, denn jeder Ofen backt anders. Bleibt noch Teig am Stäbchen hängen, braucht der Kuchen noch etwas Zeit.

12. Hefeteig mag Wärme, aber keine Hitze. Die Hefe immer erst in lauwarmer Flüssigkeit (Milch) und Zucker auflösen, dann die restlichen Zutaten dazugeben. Gut durchkneten.

13. Den Hefeteig solltet ihr immer an einem warmen Ort gehen lassen – abgedeckt, denn Hefe mag keine Zugluft.

14. Frische Hefe hat mehr Trieb- kraft, aber mit Trockenhefe ist man auf der sicheren Seite.

15. Ein Quark-Öl-Teig ist einem Hefeteig ähnlich, aber viel einfacher in der Herstellung.

16. Bei einem Poke Cake werden nach dem Backen Löcher in den Kuchen gestochen, z. B. mit einem Holzkochlöffel oder einer Gabel. Die Löcher werden dann mit Cremes oder Pürees gefüllt.

17. Für Pokecakes eignen sich Rühr- und Biskuitteige am besten.

18. In den meisten Fällen mit Ober- und Unterhitz backene. Bei Umluft können Biskuits und Cupcakes schief werden.

GRUNDZUTATEN & ZUBEHÖR

MEHL

Natürlich eignen sich alle Mehle aus Roggen, Dinkel und Weizen zum Backen. Weizenmehl besitzt jedoch die besseren Backeigenschaften, vor allem das Weizenauszugsmehl Type 405. Für Hefeteige gerne Weizenmehl Type 550 verwenden, das ist ein backstarkes Mehl.

Wenn ihr Lust habt, eure Rezepte zu variieren: Weizenmehl kann 1:1 gegen Dinkelmehl ausgetauscht werden.

Grundsätzlich Mehl immer sieben, bevor es zu den anderen Zutaten dazugegeben wird. Das ist jedoch kein Muss – außer beim Biskuit, der einfach luftiger wird, wenn ihr das Mehl vorher siebt.

ZUCKER

Feinster Zucker, weil er sich schneller löst, ist vorteilhaft für Baiser und Biskuit. Zucker ist außerdem für den Gärprozess bei Hefe zuständig.

ÜBRIGENS

Beim Backen kann man leider nicht, wie beim Kochen, nach Lust und Laune improvisieren oder Zutaten austauschen. Hier kommt es auf die Genauigkeit an. Wenn ihr also auf Nummer sicher gehen möchtet, haltet ihr euch am besten an die angegebenen Zutaten und Mengen – dann gelingen eure Kuchen garantiert.

GRUNDAUSSTATTUNG ZUM BACKEN:

- Messbecher
- Küchenwaage
- Rührschüsseln
- feines Haarsieb
- Handrührgerät
- Schneebesen
- Teigschaber
- Teigrolle bzw. Nudelholz
- Zahnstocher für die Garprobe
- Holzlöffel, Strohhalme, Holzspieße sind nützliche Helfer für Pokecakes
- Backbleche und Backrahmen

HINWEIS

Schaut bei den Rezepten unbedingt darauf, für welche Blechgröße sie gedacht sind. Wenn ihr kein Blech in der richtigen Größe habt, könnt ihr auch einen Backrahmen auf ein größeres Blech stellen. Ein Rezept für ein kleines Blech von 20 x 25 cm könnt ihr einfach verdoppeln, dann reicht die Menge für ein großes Backblech. Die Backzeit verlängert sich nur ein wenig – am besten prüft ihr mit der Stäbchenprobe, ob der Kuchen fertig ist.

REZEPTE

KIRSCH-
Streuselkuchen

FÜR 1 BACKBLECH (30 X 40 CM)

Für den Teig

- ½ Würfel frische Hefe (21 g)
- 100 ml lauwarme Milch
- 250 g Mehl (Type 405)
- 2 EL Vanillezucker
- 50 g Butter

Für den Belag

- 750 g Sauerkirschen (Glas)
- 4 Eier (Größe M)
- Salz
- 150 g Zucker
- 150 g zimmerwarme Butter
- 250 g Frischkäse
- 150 g gemahlene Mandeln

Für die Streusel

- 150 g Mehl (Type 405)
- 150 g Zucker
- 100 g Mandelblättchen
- 150 g Butter

Außerdem

- Fett und Mehl für das Backblech
- Mehl für die Arbeitsfläche

SO GEHT'S

1 Die Hefe in die lauwarme Milch bröckeln und vorsichtig rühren, bis die Hefe sich aufgelöst hat. Das Mehl mit dem Vanillezucker in einer Rührschüssel mischen. Die Butter im Topf zerlassen, zum Mehl geben und unterrühren. Die Hefemilch zur Mehlmischung geben und alles zu einem zähen Hefeteig verkneten. Den Teig abgedeckt an einem warmen Ort 1 Stunde gehen lassen.

2 Die Kirschen in einem Sieb abtropfen lassen.

3 Die Eier trennen, Eiweiß mit 1 Prise Salz steif schlagen und anschließend 75 g Zucker unterheben. Die Eigelbe mit dem restlichen Zucker, Butter, Frischkäse und gemahlenen Mandeln gut verrühren. Zum Schluss den Eischnee vorsichtig unterheben.

4 Für die Streusel das Mehl mit Zucker und Mandeln mischen. Die Butter zerlassen, zur Mehlmischung geben und alles zu Streuseln verkneten.

5 Den Ofen auf 180 °C (Ober-/Unterhitze) vorheizen. Das Backblech ausfetten und mit Mehl bestäuben.

6 Den Hefeteig auf der leicht bemehlten Arbeitsfläche mit dem Nudelholz dünn zu einem Rechteck ausrollen, das etwas größer als das Blech ist. Die Teigplatte auf das Backblech legen und an den Seiten jeweils einen Rand formen. Die Frischkäse-Masse auf den Teig geben und glatt streichen. Anschließend mit den abgetropften Kirschen belegen. Die Streusel locker darüberkrümeln.

7 Den Kuchen im heißen Ofen (Mitte) 55 Minuten backen. Herausnehmen, etwas abkühlen lassen und vor dem Servieren 1 Stunde kühl stellen.

DONAUWELLE

FÜR 1 BACKBLECH (30 X 40 CM)

Für den Belag

- 2 Pck. Vanillepuddingpulver
- 4–6 EL Zucker (je nach gewünschter Süße)
- 1 l Milch
- 1 ½ Pck. Butterkekse
- 500 g Zartbitterkuvertüre

Für den Teig

- 2 Gläser Sauerkirschen (à 350 g Abtropfgewicht)
- 350 g Mehl
- ½ Pck. Backpulver
- 250 g zimmerwarme Butter
- 200 g Zucker
- 1 Pck. Vanillezucker
- 6 Eier (Größe M)
- 2 EL Backkakao
- 3 EL Milch

Außerdem

- Fett für das Backblech

SO GEHT'S

1 Für den Belag das Vanillepuddingpulver mit Zucker und 200 ml Milch verrühren. Die restliche Milch aufkochen und den Pudding nach Packungsanleitung kochen. In eine Schüssel geben und mit Frischhaltefolie abdecken. Vollständig auskühlen lassen.

2 Ein Backblech einfetten. Ofen auf 200 °C (Ober-/Unterhitze) vorheizen. Kirschen gut abtropfen lassen. Mehl mit Backpulver mischen und beiseitestellen.

3 Für den Teig die Butter leicht anschlagen, dann Zucker und Vanillezucker hinzugeben und schaumig schlagen. Eier einzeln hinzugeben und jeweils für etwa 30 Sekunden unterschlagen. Mehlmischung zugeben und alles kurz verrühren, bis gerade so eben ein glatter Teig entsteht.

4 Die Hälfte des Teigs auf das Backblech geben und verteilen. In die zweite Hälfte Kakao und Milch geben und unterrühren. Auf dem hellen Teig verstreichen und mit einer Gabel leicht marmorieren. Kirschen ebenfalls auf dem Teig verteilen. Im heißen Ofen rund 30–40 Minuten backen. Stäbchenprobe machen. Kuchen aus dem Ofen nehmen und abkühlen lassen.

5 Vanillepudding auf dem ausgekühlten Kuchen verteilen und mit Butterkeksen belegen. Kuvertüre im heißen Wasserbad schmelzen und den Kuchen damit bedecken. Trocknen lassen.

6 Zum Schneiden des Kuchens das Messer zuerst in heißes Wasser tunken, damit die Schokolade nicht zerbricht.

SCHMANDKUCHEN

FÜR 1 BACKBLECH (30 X 40 CM)

Für den Teig

- 250 g Weizenmehl
- 12 g Backpulver
- ½ TL gemahlene Vanille
- Schale von 1 Bio-Orange
- 4 Eier (Größe M)
- 180 g Zucker
- 1 Pck. Vanillezucker
- 125 ml Rapsöl
- 150 ml kohlensäurehaltiges Mineralwasser

Für den Belag

- 500 g Sahne
- 2 Pck. Sahnesteif
- 2 Pck. Vanillezucker
- 500 g Schmand
- 2 Dosen Mandarinen
- (à 175 g Abtropfgewicht)
- Zimtzucker

Außerdem

- Fett und Mehl für das Backblech

SO GEHT'S

1 Ein Backblech leicht einfetten und mit etwas Mehl bestäuben. Den Ofen auf 175 °C (Ober-/Unterhitze) vorheizen.

2 Mehl mit Backpulver, Vanille und Orangenschale mischen. Die Eier mit dem Zucker und dem Vanillezucker dickcremig aufschlagen. Öl und Wasser in einem dünnen Strahl langsam hinzugeben und unterrühren. Mehlmischung ebenfalls hinzugeben und kurz einarbeiten, bis alles verrührt ist. Den Teig auf dem vorbereiteten Backblech verteilen und im heißen Ofen (Mitte) 25 Minuten backen. Aus dem Ofen nehmen und vollständig auskühlen lassen.

3 Für den Belag die Sahne steif schlagen. Dabei Sahnesteif und Vanillezucker unterrühren. Schmand unterheben.

4 Mandarinen auf dem Kuchenboden verteilen. Sahne-Schmand-Creme darauf verteilen. Nach Belieben mit Zimtzucker bestreuen. Bis zum Servieren kühl stellen.

TIPP

Wer den Kuchen etwas leichter gestalten möchte, kann einen Teil oder die gesamte Menge des Schmands durch saure Sahne ersetzen.

LINZER SCHNITTEN

mit Himbeerkonfitüre

FÜR 1 BACKBLECH (30 X 22 CM)

Für den Teig

- 200 g Mehl (Type 405)
- 2 TL Backpulver
- 150 g kalte Butter
- 150 g gemahlene Haselnusskerne
- 2 Eier (Größe M)
- 1 Msp. gemahlene Nelken
- 1 EL gemahlener Zimt
- 2 EL Backkakao
- 200 g Zucker
- 2 EL Kirschwasser

Für den Belag

- 250 g Himbeerkonfitüre
- 1 Eigelb (Größe M)

Außerdem

- Mehl für die Arbeitsfläche
- Alufolie

SO GEHT'S

1 Alle Zutaten für den Teig erst mit den Knethaken des Handrührgeräts, dann mit den Händen zu einem glatten Mürbeteig kneten. Zu einer Kugel formen, in Frischhaltefolie wickeln und über Nacht kühl stellen. Am nächsten Tag den Teig aus dem Kühlschrank nehmen und etwa 5 Minuten bei Zimmertemperatur liegen lassen.

2 Den Ofen auf 200 °C (Ober-/Unterhitze) vorheizen und ein Backblech mit Backpapier auslegen.

3 Zwei Drittel des Teigs auf einer bemehlten Arbeitsfläche zu einem Rechteck in Größe des Backblechs ausrollen, auf das Blech legen und mit der Himbeerkonfitüre bestreichen.

4 Den restlichen Teig in schmale Streifen schneiden, am besten mit einem Teigrädchen mit gewelltem Rand. Die Teigstreifen gitterförmig auf die Konfitüre legen. Eigelb mit etwas Wasser verquirlen und die Teigstreifen damit einpinseln.

5 Den Linzer Kuchen im heißen Ofen (Mitte) 45 Minuten backen. Stäbchenprobe nicht vergessen!

6 Kuchen aus dem Ofen nehmen und auf einem Kuchengitter auskühlen lassen. Dann vom Blech nehmen und in Alufolie verpacken. Den Kuchen an einem kühlen Ort (nicht im Kühlschrank) 4–5 Tage ruhen lassen.

7 Vor dem Servieren in gleichmäßige Schnitten teilen.

SCHOKO-POPCORN-
Würfel mit Dulce de Leche

FÜR 1 BACKBLECH (20 X 25 CM)

Für das Dulce de Leche

- 1 Dose gezuckerte Kondensmilch

Für den Teig

- 100 g weiche Butter
- 130 g Kokosblütenzucker
- Salz, 2 Eier (Größe M)
- 150 g Mehl (Type 405)
- 1 TL Backpulver
- 1 TL Natron
- 30 g Backkakao
- 150 ml Milch
- 70 g backfeste Schokotröpfchen

Für das Topping

- 50 g Popcorn-Maiskörner
- 1½ EL Butterschmalz
- 1 Pck. Vanillezucker
- 1 EL Zucker
- Puderzucker (nach Belieben)
- Fleur de Sel (nach Belieben)

UND SO GEHT'S

1 Die Kondensmilch in ein heiß ausgespültes Schraubglas geben und dieses fest zuschrauben. Mit einem Handtuch in einen kleinen Topf legen (das Handtuch verhindert, dass das Glas hin und her geschleudert wird). Mit Wasser bedecken und das Wasser zum Kochen bringen, dann die Temperatur senken und das Wasser etwa 50 Minuten köcheln lassen. Das Glas sollte dabei immer mit Wasser bedeckt sein. Dann das Glas herausnehmen und abkühlen lassen.

2 Den Ofen auf 180 °C (Ober-/Unterhitze) vorheizen und ein tiefes Backblech mit Backpapier auslegen.

3 Die Butter mit Zucker und 1 Prise Salz schaumig schlagen. Die Eier unterrühren. Mehl, Backpulver, Natron und Kakao mischen und zusammen mit der Milch unter die Butter-Ei-Masse heben. Schokotröpfchen unterziehen. Den Teig auf ein Backblech streichen und im heißen Ofen (Mitte) 20 Minuten backen. Aus dem Ofen nehmen und auf einem Kuchengitter abkühlen lassen.

4 Die Maiskörner in einen unbeschichteten Topf geben und mit Butterschmalz, Vanillezucker und Zucker mischen. Auf höchster Stufe erhitzen. Sobald das Fett zu brutzeln beginnt, gelegentlich umrühren, zwischendurch den Topf mit einem Handtuch abdecken. Sobald die ersten Körner poppen, die Temperatur auf mittlere Stufe senken. Das fertige Popcorn in eine Schüssel geben und abkühlen lassen. Nach Belieben mit etwas Puderzucker nachsüßen.

5 Vor dem Servieren den Schokoladenkuchen in Würfel schneiden. 2–3 EL Dulce de Leche cremig rühren und über die Würfel träufeln. Mit Popcorn verzieren und nach Belieben mit ein wenig Fleur de Sel bestreuen.

BUTTERKUCHEN

mit Aprikosenbienen

FÜR 1 BACKBLECH (30 X 40 CM)

Für den Teig
- 250 g Sahne
- 250 g Zucker
- 1 EL Vanillezucker
- 4 Eier (Größe M)
- 300 g Mehl (Type 405)
- 1 Pck. Backpulver
- Salz
- 1 Spritzer Zitronensaft

Für den Belag
- 50 g Mandelblättchen
- 40 g Butter
- 6 TL Zucker
- 12 Aprikosenhälften

Zum Garnieren
- 50 g Zartbitterkuvertüre
- 3 TL Puderzucker
- 24 Mandelblättchen

Außerdem
- Spritzbeutel mit Lochtülle (Ø 1 mm)

SO GEHT'S

1 Den Ofen auf 200 °C (Ober-/Unterhitze) vorheizen. Ein Backblech mit Backpapier auslegen.

2 Die Sahne mit Zucker, Vanillezucker und Eiern cremig rühren. Das Mehl mit Backpulver und 1 Prise Salz mischen, auf die Eiermasse sieben und zusammen mit dem Zitronensaft unterheben.

3 Den Teig auf das Backblech geben und gleichmäßig verstreichen. Mandelblättchen darauf verteilen. Die Butter zerlassen und die Mandelblättchen damit beträufeln, dann mit dem Zucker bestreuen.

4 Den Kuchen im heißen Ofen zunächst 10 Minuten vorbacken. Das Blech herausnehmen, den Kuchen mit den Aprikosenhälften gleichmäßig belegen und weitere 10 Minuten goldbraun backen. Stäbchenprobe nicht vergessen! Den Butterkuchen aus dem Ofen nehmen und etwas abkühlen lassen. Dann so in 12 Stücke schneiden, dass auf jedem Stück eine Aprikosenhälfte liegt.

5 Die Kuvertüre hacken und im warmen Wasserbad schmelzen. Mithilfe des Spritzbeutels jeweils 3 Streifen und den Kopf der Bienen auf die Aprikosen malen. Aus Puderzucker und 1 Spritzer Wasser einen Zuckerguss anrühren und die Augen der Bienen aufmalen. Zum Schluss den Aprikosenrücken parallel zu den Schokostreifen einritzen und in jede Aprikose 2 Mandelblättchen als Flügel stecken.

MOHNKUCHEN

FÜR 1 BACKBLECH (30 X 40 CM)

Für den Mohn-Belag

- 2 Pck. Mohn (500 g)
- 1 l Milch
- 115 g Zucker
- 1 Pck. Vanillezucker
- 150 g Weichweizengrieß
- 2 Eier (Größe M)

Für den Rührteig

- 200 g Butter
- 170 g Puderzucker
- 4 Eier (Größe M)
- 350 g Mehl
- ½ Pck. Backpulver

Für die Streusel

- 300 g Mehl
- 175 g Zucker
- 1 Pck. Vanillezucker
- 125 g Butter

Außerdem

- Puderzucker
- Fett und Mehl für das Backblech

SO GEHT'S

1 Ein Backblech einfetten und mit etwas Mehl bestreuen.

2 Für die Mohnmasse alle Zutaten bis auf die Eier unter Rühren aufkochen. In eine Schüssel geben und etwas abkühlen lassen. Eier unter die lauwarme Masse rühren.

3 Für den Teig Butter in einer Schüssel kurz anschlagen. Puderzucker hinzugeben und hell und cremig aufschlagen. Eier nacheinander hinzugeben und gut einarbeiten – jedes Ei für etwa 30 Sekunden. Mehl mit Backpulver mischen und nach und nach unter die Buttermasse rühren. Den Teig auf das vorbereitete Backblech geben und verteilen.

4 Den Ofen auf 180 °C (Ober-/Unterhitze) vorheizen.

5 Für die Streusel alle Zutaten verkneten. Die Mohnmasse auf dem Rührteig verteilen und mit den Streuseln bedecken. Kuchen im heißen Ofen (Mitte) 35 Minuten backen. Herausnehmen und abkühlen lassen. Vor dem Servieren mit Puderzucker bestreuen und servieren.

KÄSEKUCHEN

mit Crunch

FÜR 1 BACKBLECH (30 X 25 CM)

Für die Quarkmasse

- 4 Eier (Größe M)
- 170 g Zucker
- Salz
- 600 g Speisequark (40 % Fett)
- 400 g Frischkäse
- 1 Pck. Vanillepuddingpulver
- 2 TL abgeriebene Schale von 1 Bio-Orange
- Saft von ½ Orange
- 180 ml Milch
- 100 g Sahne
- 200 g Granatapfelkerne

Für den Crunch

- 100 g Cashewkerne
- 80 g Krümel-Kandis

SO GEHT'S

1 Den Ofen auf 180 °C (Ober-/Unterhitze) vorheizen. Ein tiefes Backblech mit Backpapier auslegen.

2 Für die Quarkmasse Eier und Zucker mit 1 Prise Salz schaumig schlagen. Zuerst Quark und Frischkäse, dann das Puddingpulver mit der Orangenschale und dem Orangensaft unterrühren. Milch und Sahne hinzugeben und glatt rühren. Die Masse auf das Backblech geben und verstreichen. Die Granatapfelkerne darauf verteilen. Den Kuchen im heißen Ofen (Mitte) 40 Minuten backen.

3 In der Zwischenzeit die Cashewkerne grob hacken und mit dem Krümel-Kandis mischen. Nach 40 Minuten den Käsekuchen aus dem Ofen nehmen, die Crunch-Mischung gleichmäßig darüberstreuen und den Kuchen weitere 20 Minuten backen. Stäbchenprobe nicht vergessen! Den Käsekuchen aus dem Ofen nehmen und auf einem Kuchengitter auskühlen lassen. Dann vorsichtig vom Backblech nehmen und am besten über Nacht kühl stellen.

TIPP

Alternativ kann man den Kuchen auch mit frischen Cranberrys zubereiten. Hierfür etwa 150 g Cranberrys mit 20 g Zucker und etwas Wasser aufkochen, bis sie platzen. Abtropfen lassen und auf die Quarkmasse geben.

ZWETSCHGEN-
datschi

FÜR 1 BACKBLECH (30 X 40 CM)

Für den Teig
- 150 g Speisequark
- 6 EL Milch
- 6 EL neutrales Speiseöl
- 1 Pck. Vanillezucker
- 300 g Mehl (Type 405)
- 1 Pck. Backpulver
- Salz

Für den Belag
- 2 kg Zwetschgen
- 4 EL brauner Zucker

Für die Streusel
- 300 g Mehl (Type 405)
- 200 g Butter
- 200 g brauner Zucker
- 3 TL gemahlener Zimt

Außerdem
- Fett für das Backblech

SO GEHT'S

1 Den Backofen auf 180 °C (Umluft) vorheizen und ein Backblech gründlich einfetten.

2 Alle Zutaten für den Teig zusammen mit 1 Prise Salz mit den Knethaken des Handrührgeräts verkneten und den Teig auf dem Blech ausrollen.

3 Die Zwetschgen waschen, halbieren und entsteinen. Die Hälften nochmals bis zur Hälfte einschneiden. Zwetschgenhälften auf dem Teig verteilen und mit Zucker bestreuen.

4 Mehl, Butter, Zucker und Zimt zu Streuseln verkneten und auf den Zwetschgen verteilen. Den Kuchen im heißen Ofen (Mitte) 40 Minuten goldbraun backen. Stäbchenprobe nicht vergessen! Dann den Datschi aus dem Ofen nehmen und abkühlen lassen.

HIMMELSTORTE

FÜR 1 BACKBLECH (30 X 40 CM)

Für den Rührteig

- 130 g Butter
- 80 g Zucker
- Salz
- 4 Eigelb (Größe M)
- 150 g Mehl (Type 405)
- 1 TL Backpulver

Für das Baiser

- 4 Eiweiß (Größe M)
- Salz
- 150 g feinster Zucker
- 100 g Mandelblättchen

Für die Füllung

- 300 g TK-Heidelbeeren
- 100 g Himbeeren
- 200 g Mascarpone
- 100 g Frischkäse
- 1 EL Zucker
- 1 Pck. Vanillezucker
- 2 TL Zitronensaft
- 250 g Sahne
- 3 TL Sahnesteif

Zum Garnieren

- Puderzucker

SO GEHT'S

1 Den Ofen auf 180 °C (Ober-/Unterhitze) vorheizen und ein Backblech mit Backpapier auslegen.

2 Für den Teig Butter, Zucker und 1 Prise Salz hell aufschlagen. Die Eigelbe nacheinander unterrühren. Das Mehl mit dem Backpulver mischen und unterheben. Den Rührteig auf das Backblech streichen und beiseitestellen.

3 Für das Baiser Eiweiß mit 1 Prise Salz steif schlagen, dabei den Zucker einrieseln lassen. Das Baiser auf den Rührteig streichen und mit Mandelblättchen bestreuen.

4 Den Kuchen im heißen Ofen (Mitte) 25 Minuten goldgelb backen. Stäbchenprobe nicht vergessen! Kuchen aus dem Ofen nehmen und auf einem Kuchengitter abkühlen lassen.

5 Für die Füllung die Heidelbeeren auftauen lassen. Himbeeren verlesen. Mascarpone und Frischkäse mit Zucker, Vanillezucker und Zitronensaft glatt rühren. Die Sahne steif schlagen, dabei Sahnesteif einrieseln lassen. Die Sahne unter die Mascarponecreme heben. Heidelbeeren und Himbeeren so unter die Creme ziehen, dass ein Marmor-Effekt entsteht.

6 Den Baiserboden halbieren. Einen Teil als Boden auf eine Tortenplatte legen und mit einem Backrahmen umgeben. Die Creme auf den Boden geben, glatt streichen und mit dem zweiten Boden bedecken. Etwa 4 Stunden kühl stellen.

7 In Stücke schneiden und mit Puderzucker bestreut servieren.

RHABARBER-
Cremeschnitten

FÜR 16 STÜCK

Für den Boden
- 2 Pck. frischer Blätterteig (à 275 g)
- etwas Puderzucker

Für das Rhabarber-Kompott
- 600 g geputzter und gewürfelter Rhabarber
- 2 Pck. Vanillezucker
- 2 EL Zucker
- 4 Blatt rote Gelatine

Für die Creme
- 500 ml Milch
- 75 g Zucker
- Mark von 1 Vanilleschote
- 50 g Speisestärke
- 200 g Sahne
- 3 TL Sahnesteif

TIPP

Die Schnitten lassen sich besser schneiden, wenn man die zweite Blätterteigplatte vorher in Stücke schneidet und diese einzeln auf die Creme legt.

SO GEHT'S

1 Den Ofen auf 180 °C (Ober-/Unterhitze) vorheizen und ein Backblech mit Backpapier auslegen.

2 Die Blätterteigplatten auf dem Backblech entrollen. Mit einer Gabel in Abständen von 2 cm einstechen und mit etwas Puderzucker bestreuen. Im heißen Ofen 10 Minuten backen, bis der Blätterteig goldbraun ist. Herausnehmen und abkühlen lassen.

3 Rhabarber mit 100 ml Wasser, Vanillezucker und Zucker in einen Topf geben und köcheln lassen, bis er weich ist. Vom Herd nehmen. Die Gelatine in kaltem Wasser einweichen, tropfnass zum heißen Rhabarber geben und darin auflösen. Kompott abkühlen lassen.

4 400 ml Milch mit Zucker und Vanillemark aufkochen lassen. Die restliche Milch mit der Speisestärke glatt rühren und dann in die kochende Milch geben. Etwa 1 Minute unter Rühren köcheln lassen. Die Milchcreme vom Herd nehmen und abkühlen lassen. Dabei ein Stück Frischhaltefolie direkt auf die Creme legen, damit sich keine Haut bildet.

5 Die Sahne steif schlagen, dabei Sahnesteif einrieseln lassen. Die abgekühlte Milchcreme mit einem Handrührgerät aufschlagen und die Sahne vorsichtig unterheben.

6 Eine Blätterteigplatte auf eine Platte setzen und mit einem Tortenrahmen umschließen. Zuerst das Rhabarberkompott, dann die Creme darauf verteilen und glatt streichen. Zweite Blätterteigplatte auflegen und etwa 1 Stunde kühl stellen.

ERDBEER-
Stracciatella
SCHNITTEN

FÜR 1 BACKBLECH (30 X 40 CM)

Für den Biskuit

- 5 Eier (Größe M)
- Salz
- 150 g Zucker
- 100 g Mehl (Type 405)
- 1 Pck. Vanillepuddingpulver
- 1 TL Backpulver

Für die Füllung

- 450 g Erdbeeren
- 400 g Mascarpone
- 8 EL Milch
- 80 g Zucker
- 4 Blatt Gelatine
- 250 g Sahne
- 1 Pck. Vanillezucker
- 80 g Zartbitter-Schokoraspel
- 100 ml kalter Espresso
- 2 EL Weinbrand (nach Belieben)

Zum Garnieren

- 16 Erdbeeren

SO GEHT'S

1 Den Ofen auf 180 °C (Ober-/Unterhitze) vorheizen. Ein Backblech mit Backpapier auslegen.

2 Die Eier trennen. Eiweiß mit 1 Prise Salz steif schlagen, dabei nach und nach den Zucker einrieseln lassen. Die Eigelbe unterrühren. Mehl, Vanillepuddingpulver und Backpulver mischen, auf die Eimischung sieben und vorsichtig unterheben.

3 Den Teig auf das Backblech geben und glatt streichen. Im heißen Ofen (Mitte) 10 Minuten backen. Stäbchenprobe nicht vergessen! Den Biskuit aus dem Ofen nehmen und auskühlen lassen, dann halbieren. Die eine Hälfte auf eine Tortenplatte legen und mit einem Backrahmen umschließen.

4 Die Erdbeeren putzen, waschen und abtropfen lassen.

5 Den Mascarpone mit Milch und Zucker glattrühren. Die Gelatine in kaltem Wasser einweichen, tropfnass in einen kleinen Topf geben und erhitzen (nicht kochen!), bis sie sich auflöst. Dann 2–3 EL Mascarponecreme hinzugeben und verrühren, danach die restliche Creme unterrühren. Die Sahne steif schlagen, dabei Vanillezucker einrieseln lassen. Sahne unter die Mascarponecreme heben. Erdbeeren würfeln und zusammen mit den Schokoraspeln vorsichtig unterheben. Zwei Drittel der Creme auf der ersten Biskuithälfte verteilen. Die zweite Hälfte auflegen. Espresso und Weinbrand mischen und den Biskuit damit beträufeln. Die restliche Creme auf den Boden geben. Etwa 4 Stunden kühl stellen. Den Kuchen in 16 Stücke schneiden und mit Erdbeeren dekorieren.

HEFESCHNECKEN
mit Johannisbeeren

FÜR 12 SCHNECKEN

Für den Teig
- 500 g Mehl (Type 550)
- 1 Pck. Trockenhefe
- 60 g Zucker
- 250 ml Milch
- 60 g Butter
- 1 Ei (Größe M)
- Salz

Für die Füllung
- 300 g Johannisbeeren
- 200 g Frischkäse
- 100 g Zucker
- 1 EL Speisestärke

Für den Zuckerguss
- 80 g Puderzucker
- 2–3 EL Milch

Außerdem
- Mehl für die Arbeitsfläche

SO GEHT'S

1 Mehl, Hefe und Zucker mischen. Die Milch erwärmen und die Butter darin zerlassen. Ei, 1 Prise Salz und die Butter-Milch-Mischung zum Mehl geben und mit den Knethaken der Küchenmaschine 10–15 Minuten verkneten. Sollte der Teig noch zu klebrig sein, etwas Mehl dazugeben. Den Teig zu einer glatten Kugel formen und abgedeckt an einem warmen Ort etwa 1 Stunde gehen lassen. Danach sollte er sich mehr als verdoppelt haben.

2 In der Zwischenzeit die Johannisbeeren waschen, verlesen und abtropfen lassen. Ein Backblech mit Backpapier auslegen.

3 Den Teig ein weiteres Mal durchkneten, dann auf einer bemehlten Arbeitsfläche zu einem Rechteck (40 x 50 cm) ausrollen.

4 Für die Füllung den Frischkäse mit 50 g Zucker vermischen und auf den Teig streichen. Johannisbeeren mit dem restlichen Zucker und der Speisestärke mischen und gleichmäßig auf dem Frischkäse verteilen. Den Hefeteig von der langen Seite her aufrollen und in 12 gleich große Scheiben schneiden. Auf das Backblech legen, dabei etwa 1 cm Platz zwischen den Schnecken lassen.

5 Die Schnecken abgedeckt nochmals 20–25 Minuten gehen lassen. In der Zwischenzeit den Ofen auf 180 °C (Ober-/Unterhitze) vorheizen. Die Schnecken (Mitte) 35 Minuten backen, dann aus dem Ofen nehmen und auf einem Kuchengitter etwas abkühlen lassen.

6 Aus Puderzucker und Milch einen Guss herstellen und die lauwarmen Schnecken damit beträufeln.

RAW CHEESECAKE

mit Himbeeren

FÜR 1 BACKBLECH (20 X 25 CM)

Für die Cheesecake-Masse

- 250 g Cashewkerne
- Saft von ½ Zitrone
- 70 g Kokosöl
- 150 ml Kokosmilch (Dose)
- 80 g Ahornsirup
- 130 g Himbeeren (alternativ TK)

Für den Boden

- 100 g Mandeln
- 120 g Datteln (ohne Stein)
- Salz

SO GEHT'S

1 Für die Cheesecake-Masse die Cashewkerne über Nacht in Wasser einweichen.

2 Für den Boden Mandeln, Datteln und 1 Prise Salz pürieren. Ein kleines Backblech mit Backpapier auslegen und die Dattelmasse hineingeben, verteilen und gut andrücken. Etwa 30 Minuten ins Gefrierfach stellen.

3 Für die Cheesecake-Masse die eingeweichten Cashewkerne abgießen und mit Zitronensaft, Kokosöl, Kokosmilch und Ahornsirup fein pürieren. Ein Drittel der Creme auf den Dattelboden geben und weitere 30 Minuten ins Gefrierfach stellen.

4 Frische Himbeeren verlesen. 40 g Himbeeren mit einem weiteren Drittel der Cashewcreme pürieren und auf die erste Cremeschicht streichen. Noch einmal 30 Minuten ins Gefrierfach stellen.

5 Die restlichen Himbeeren mit der verbliebenen Cashewcreme pürieren, als letzte Schicht auf den Cheesecake geben und glatt streichen. Über Nacht ins Gefrierfach stellen.

6 Vor dem Servieren etwa 30 Minuten antauen lassen.

MANGO-
Maracuja-
SCHNITTEN

FÜR 1 BACKBLECH (30 X 40 CM)

Für den Biskuit
- 5 Eier (Größe M)
- Salz
- 150 g Zucker
- 100 g Mehl (Type 405)
- 1 Pck. Vanillepudding-pulver
- 1 ½ TL Backpulver

Für die Creme
- 500 g Speisequark (Magerstufe)
- 150 g Zucker
- 125 ml Maracuja-Nektar
- 9 Blatt Gelatine
- 400 g Sahne
- 1 Pck. Vanillezucker
- 1 Pck. Sahnesteif

Für den Guss
- 1 Mango
- 700 ml Maracuja-Nektar
- 5 EL Zucker
- 3 Pck. klarer Tortenguss
- 2 Maracujas

SO GEHT'S

1 Den Ofen auf 180 °C (Ober-/Unterhitze) vorheizen. Ein Backblech mit Backpapier auslegen.

2 Die Eier trennen. Eiweiß mit 1 Prise Salz steif schlagen, dabei nach und nach den Zucker einrieseln lassen. Die Eigelbe unterrühren. Mehl, Vanillepuddingpulver und Backpulver mischen und auf die Eimischung sieben. Vorsichtig unterheben.

3 Den Teig auf das Backblech geben, glatt streichen. Im heißen Ofen (Mitte) 10 Minuten backen. Stäbchenprobe nicht vergessen! Den Biskuit aus dem Ofen nehmen und auf einem Kuchengitter auskühlen lassen, dann mit einem Backrahmen umschließen.

4 Für die Creme Quark, Zucker und Nektar mischen. Die Gelatine in kaltem Wasser einweichen, tropfnass in einen kleinen Topf geben und erhitzen (nicht kochen!), bis sie sich auflöst. Dann 2–3 EL Quarkcreme dazugeben und mit der Gelatine verrühren, danach die restliche Creme unterrühren. Sahne steif schlagen, dabei Vanillezucker und Sahnesteif einrieseln lassen. Die Sahne vorsichtig unter die Quarkcreme heben. Creme auf dem Boden verteilen und den Kuchen 3 Stunden kühl stellen, bis die Creme fest ist.

5 Für den Guss die Mango schälen, vom Stein lösen und in kleine Würfel schneiden, diese auf der Creme verteilen. Maracuja Nektar in einem Topf mit Zucker und Tortenguss mischen, aufkochen und unter Rühren 1 Minute köcheln lassen. Den Guss vom Herd nehmen und etwas abkühlen lassen, dann mit einem Esslöffel vorsichtig auf der Quarkmasse verteilen. Über Nacht kühl stellen. Das Fruchtfleisch der Maracujas auslösen und auf dem Guss verteilen, dann den Kuchen in Stücke schneiden und servieren.

MALZ-BROWNIES

mit Peanutbutter

FÜR 1 BACKBLECH (20 X 25 CM)

Für den Teig

- 100 g zimmerwarme Butter
- 130 g Zucker
- Salz
- 2 Eier (Größe M)
- 150 g Mehl (Type 405)
- 2 TL Backpulver
- 40 g Backkakao
- 200 ml Malz

Für das Topping

- 180 g Frischkäse
- 100 g Erdnusscreme
- 40 g brauner Zucker
- 20 g Sahne
- ca. 50 g Mini-Salzbrezeln

SO GEHT'S

1 Den Ofen auf 180 °C (Ober-/Unterhitze) vorheizen und ein tiefes Backblech mit Backpapier auslegen.

2 Für den Teig die Butter mit dem Zucker und 1 Prise Salz schaumig schlagen. Die Eier nacheinander unterrühren. Mehl, Backpulver und Kakao mischen und zusammen mit dem Malz unter die Butter-Ei-Masse heben.

3 Den Teig auf das Blech geben und im heißen Ofen (Mitte) 20 Minuten backen. Stäbchenprobe nicht vergessen! Den Brownie aus dem Ofen nehmen und auf einem Kuchengitter abkühlen lassen.

4 Für das Topping Frischkäse, Erdnusscreme, Zucker und Sahne cremig rühren und auf dem abgekühlten Brownie verteilen. Mit Mini-Salzbrezeln dekorieren und servieren.

TIPP

Statt der Brezeln schmecken auch gesalzene Erdnüsse.

COLA-BROWNIE-
Bites
MIT PISTAZIEN

FÜR 1 BACKBLECH (33 X 22 CM)

Für den Teig

- 125 ml Buttermilch
- 1 TL Natron
- 250 ml Cola
- 125 g Butter
- 50 g Backkakao
- 250 g Mehl (Type 405)
- 350 g Zucker
- Salz
- 2 Eier (Größe L)
- 2 TL Vanilleextrakt

Für das Frosting

- 110 g Butter
- 60 g Zartbitterschokolade
- 420 g Puderzucker
- 1 ½ TL Vanilleextrakt
- 6 EL Cola

Zum Garnieren

- Backkakao (nach Belieben)
- Pistazienkerne (nach Belieben)

SO GEHT'S

1 Den Ofen auf 200 °C (Ober-/Unterhitze) vorheizen und ein tiefes Backblech mit Backpapier auslegen.

2 Buttermilch und Natron mischen und zum Quellen beiseitestellen. Cola, Butter und Kakao bei mittlerer Hitze erwärmen, bis die Butter geschmolzen ist. (Es darf nicht kochen!)

3 Mehl, Zucker und ½ TL Salz in eine Schüssel sieben, die Cola-Butter-Mischung dazugießen und mit dem Handrührgerät auf niedriger Stufe etwa 2 Minuten vermischen. Eier, Vanille-Extrakt und Buttermilch-Natron-Mischung dazugeben und alles gründlich zu einem dünnen Teig verquirlen.

4 Den Teig auf das Backblech geben, verstreichen und im heißen Ofen (Mitte) 20 Minuten backen. Während der Backzeit die Ofentür nicht öffnen! Herausnehmen und etwas abkühlen lassen.

5 In der Zwischenzeit für das Frosting die Butter zerlassen und auf Zimmertemperatur abkühlen lassen. Die Schokolade hacken, im Wasserbad schmelzen und ebenfalls auf Zimmertemperatur abkühlen lassen. Den Puderzucker in eine Schüssel sieben. Butter, Schokolade, Vanille-Extrakt und Cola dazugeben. Alles mit dem Handrührgerät auf niedriger Stufe gründlich verrühren. Das Frosting auf dem noch warmen Kuchen verstreichen.

6 Den Brownie bei Zimmertemperatur mindestens 4 Stunden, am besten über Nacht, abkühlen lassen. Vor dem Servieren mit Kakaopulver bestreuen und mit den Pistazien garnieren, dann mit einem heißen Messer in Würfel schneiden.

BROWNIES
mit Walnüssen

FÜR 1 BACKBLECH (30 X 40 CM)

Für die Brownies

- 300 g Mehl (Type 405)
- 30 g Backkakao
- 1 Pck. Backpulver
- 150 g brauner Zucker
- 150 g Zucker
- 1 Pck. Vanillezucker
- Salz
- 4 Eier (Größe M)
- 300 ml Speiseöl
- 50 g Sahne
- 200 g gehackte Walnusskerne
- 150 g Schokotropfen
- 350 g Sauerkirschen (Glas)

Für die Garnitur

- 75 g weiße Kuvertüre

SO GEHT'S

1 Den Ofen auf 160 °C (Ober-/Unterhitze) vorheizen und ein tiefes Backblech mit Backpapier auslegen.

2 Mehl, Kakao und Backpulver mischen und in eine Schüssel sieben. Den braunen und den weißen Zucker, Vanillezucker, ½ TL Salz, Eier, Öl und Sahne hinzufügen und alles zu einem glatten Teig verrühren. Walnüsse und Schokotropfen dazugeben. Die Kirschen in einem Sieb abtropfen lassen und vorsichtig unter den Teig heben.

3 Den Brownie-Teig auf das Blech geben und glatt streichen. Im heißen Ofen (Mitte) 25 Minuten backen. Stäbchenprobe nicht vergessen! Den Kuchen herausnehmen und abkühlen lassen.

4 Die Kuvertüre hacken und im warmen Wasserbad schmelzen. Sobald sie flüssig ist, mit einem Löffel über den Brownie träufeln und fest werden lassen.

5 Vor dem Servieren in Stücke schneiden.

Brownies

ROCKY-ROAD-
Brownies

FÜR 16 STÜCK

Für den Teig
- 120 g Butter
- 60 g Backkakao
- 180 g brauner Zucker
- 1 Ei (Größe M)
- 120 ml Milch
- 80 g Mehl (Type 405)

Für die Garnitur
- 30 g Mini-Marshmallows
- 80 g gehackte Walnusskerne
- 60 g Schokochunks

SO GEHT'S

1 Den Ofen auf 180 °C (Ober-/Unterhitze) vorheizen. Ein Backblech mit Backpapier auslegen.

2 Die Butter in einem Topf zerlassen und den Kakao unterrühren, bis er sich aufgelöst hat. Vom Herd nehmen und in eine Rührschüssel geben. Zucker in die Kakaomischung geben und gut verrühren. Das Ei leicht verquirlen und unterrühren. Zum Schluss Milch und Mehl vorsichtig unterrühren.

3 Den Teig auf das Backblech gießen und im heißen Ofen (Mitte) 22 Minuten backen. Stäbchenprobe nicht vergessen! Den Brownie aus dem Ofen nehmen. Marshmallows, Walnusskerne und Schokochunks darauf verteilen und noch einmal 3 Minuten backen. Herausnehmen und abkühlen lassen, dann 1 Stunde im Kühlschrank kalt stellen. Anschließend in 12 Stücke schneiden und servieren.

BROWNIE-CHEESECAKE

mit Sauerkirschen

FÜR 1 BACKBLECH (30 X 25 CM)

Für den Brownie-Teig

- 200 g Butter
- 150 g Zartbitterschokolade
- 3 Eier (Größe M)
- 200 g brauner Zucker
- Salz
- 150 ml Buttermilch
- 150 g Mehl (Type 405)
- 1 ½ TL Natron
- 3 EL Backkakao

Für die Cheesecake-Masse

- 350 g Sauerkirschen (Glas)
- 350 g Speisequark
- 200 g Frischkäse
- 3 Eier (Größe M)
- 6 EL Puderzucker
- Mark von 1 Vanilleschote

SO GEHT'S

1 Den Ofen auf 180 °C (Ober-/Unterhitze) vorheizen. Ein tiefes Backblech mit Backpapier auslegen.

2 Butter und Schokolade in einem kleinen Topf schmelzen und beiseitestellen. Die Eier mit Zucker und 1 Prise Salz schaumig schlagen. Die Butter-Schokolade-Mischung unterrühren, dann die Buttermilch dazugeben und verrühren. Mehl, Natron und Kakao mischen, auf die Eiermasse sieben und vorsichtig, aber zügig unterheben. Den Brownie-Teig auf das Backblech geben und glatt streichen.

3 Die Sauerkirschen abtropfen lassen. Quark und Frischkäse mit den Eiern verrühren. Puderzucker und Vanillemark unterheben. Die Quarkmasse auf den Brownie-Teig geben und glatt streichen. Die Kirschen darauf verteilen und etwas andrücken.

4 Den Kuchen im heißen Ofen (Mitte) 40 Minuten backen. Stäbchenprobe nicht vergessen! Den Brownie-Cheesecake aus dem Ofen nehmen und auf einem Kuchengitter auskühlen lassen, dann in Rechtecke schneiden und servieren.

THE LOCAL BAKERY
Finest
GRAINS & HONEY. 9th.Ave.Co.Ltd

SCHOKO-MINZ-
Poke-Cake

FÜR 1 BACKBLECH (20 X 25 CM)

Für den Teig
- 100 g zimmerwarme Butter
- 130 g Zucker
- Salz
- 2 Eier (Größe M)
- 150 g Mehl (Type 405)
- 2 TL Backpulver
- 30 g Backkakao
- 150 ml Milch

Für die Füllung
- 60 g Zartbitterschokolade (50 % Kakaoanteil)
- 50 g Schoko-Minz-Täfelchen
- 350 ml Milch
- 25 g Speisestärke
- 2 EL Zucker

Für das Topping
- 1 Avocado
- 200 g Frischkäse
- 20 g Honig
- 3 TL Minzsirup
- 1 TL Zitronensaft

Zum Garnieren
- Minzblätter (nach Belieben)

SO GEHT'S

1 Den Ofen auf 180 °C (Ober-/Unterhitze) vorheizen. Ein tiefes Backblech mit Backpapier auslegen.

2 Die Butter mit Zucker und 1 Prise Salz schaumig schlagen. Die Eier einzeln unterrühren. Mehl, Backpulver und Kakao mischen und zusammen mit der Milch unter die Butter-Ei-Masse heben.

3 Den Teig auf das Blech geben und im heißen Ofen (Mitte) 20 Minuten backen. Stäbchenprobe nicht vergessen! Den Kuchen aus dem Ofen nehmen und auf einem Kuchengitter kurz abkühlen lassen. Dann mit dem Stiel eines Holzkochlöffels im Abstand von 2 cm einstechen, nicht ganz bis auf den Kuchenboden.

4 Für die Füllung Schokolade und Schoko-Minz-Täfelchen hacken und beiseitestellen. 300 ml Milch aufkochen. Speisestärke und Zucker in der restlichen Milch auflösen und in die kochende Milch geben. Noch einmal aufkochen und unter Rühren etwa 1 Minute köcheln lassen. Schokolade und Schoko-Minz-Täfelchen hinzufügen und unter Rühren schmelzen lassen. Sofort auf den Kuchen geben und auskühlen lassen.

5 Für das Topping die Avocado halbieren, vom Kern befreien, Fruchtfleisch mit einem Löffel aus der Schale lösen und mit Frischkäse, Honig, Minzsirup und Zitronensaft fein pürieren.

6 Den Kuchen in Stücke schneiden und die Avocadocreme auf die Kuchenstücke streichen. Nach Belieben mit Minzblättern dekorieren und sofort servieren!

TRES-LECHES-
Kuchen

FÜR 1 BACKBLECH (20 X 25 CM)

Für den Biskuit
- 4 Eier (Größe M)
- Salz
- 70 g Zucker
- 100 g Mehl (Type 405)
- 1 TL Backpulver
- 70 g Sahne

Für den Guss
- 150 g Sahne
- 150 g Kondensmilch
- 80 g gezuckerte Kondensmilch

Für das Karamell
- 80 g Zucker
- 100 g Sahne

Für den Crunch
- 80 g Walnusskerne
- 50 g brauner Zucker

Außerdem
- Fett für das Backblech

SO GEHT'S

1 Den Ofen auf 180 °C (Ober-/Unterhitze) vorheizen. Ein tiefes Backblech ausfetten.

2 Die Eier trennen. Eiweiß mit 1 Prise Salz steif schlagen, dabei den Zucker einrieseln lassen. Eigelbe unterrühren. Mehl und Backpulver mischen und über die Eimasse sieben, dann die Sahne unterheben.

3 Den Teig auf das Backblech streichen und im heißen Ofen (Mitte) 25 Minuten backen. Stäbchenprobe nicht vergessen! Den Kuchen aus dem Ofen nehmen und mit einem Schaschlikspieß dicht an dicht einstechen.

4 Für den Guss Sahne, Kondensmilch und gezuckerte Kondensmilch etwa 2 Minuten cremig schlagen und auf dem lauwarmen Kuchen verteilen. Abkühlen lassen.

5 Für das Karamell den Zucker in einem Topf erhitzen, bis er karamellisiert. Die Sahne dazugeben und köcheln lassen, bis sich das Karamell wieder gelöst hat. Das Karamell auf den Kuchen geben und verteilen. Etwa 2 Stunden kühl stellen.

6 Die Walnüsse grob hacken und in einer beschichteten Pfanne ohne Fett anrösten. Zucker darüberstreuen und karamellisieren. Die Nüsse auf einem Backpapier ausbreiten und abkühlen lassen.

7 Vor dem Servieren den Tres-Leches-Kuchen in Stücke schneiden und mit den Walnüssen bestreuen.

MATCHA-CHEESECAKE-
mit weißer Schokolade

FÜR 1 BACKBLECH (20 X 25 CM)

Für den Boden
- 80 g Butter
- 160 g Haferkekse

Für die Cheesecake-Masse
- 250 g weiße Schokolade
- 200 g Sahne
- 200 g Frischkäse
- 200 g Mascarpone
- 5 g Matcha-Pulver
- Saft von 1 Limette
- 1 Pck. Sahnesteif

Zum Garnieren
- 2 g Matcha-Pulver

SO GEHT'S

1 Die Butter zerlassen und etwas abkühlen lassen. Die Haferkekse zerkleinern und mit der Butter vermengen, dann auf ein mit Backpapier auslegtes Blech geben und gut andrücken. 20 Minuten ins Gefrierfach stellen.

2 In der Zwischenzeit die weiße Schokolade hacken und in eine Schüssel geben. 100 g Sahne aufkochen und über die Schokolade gießen. Abgedeckt etwa 5 Minuten ziehen lassen, dann zu einer Ganache glatt rühren und etwas abkühlen lassen.

3 Frischkäse, Mascarpone, Matcha-Pulver und Limettensaft mit einem Handrührgerät unter die lauwarme Ganache rühren. Die restliche Sahne mit Sahnesteif steif schlagen und vorsichtig unter die Creme heben. Alles glatt rühren. Die Cheesecake-Masse auf den Keksboden geben und glatt streichen. Etwa 4 Stunden im Kühlschrank fest werden lassen.

4 Nun den Cheesecake vorsichtig vom Blech nehmen. Ein Blatt Papier in dünne Streifen schneiden, in einem Gittermuster auf dem Kuchen verteilen. Nach Belieben Matchapulver darübersieben, die Papierstreifen entfernen und den Cheesecake servieren.

TIPP

Kekse zerkleinert man am besten in einer Küchenmaschine oder man gibt sie in einen Gefrierbeutel und rollt mit einem Nudelholz darüber.

S'MORES
Bars

FÜR 1 BACKBLECH (30 X 25 CM)

Für den Teig
- 250 g Mehl (Type 405)
- 150 g brauner Zucker
- 1 Ei (Größe M)
- 150 g Butter
- ½ TL Backpulver
- Salz

Für die Füllung
- 350 g Schoko-Täfelchen (50 % Kakaoanteil)
- 120 g Erdnusscreme
- 100 g Marshmallow-Creme
- 100 g Mini-Marshmallows

Außerdem
- Fett für das Backblech

SO GEHT'S

1 Den Backofen auf 180 °C (Umluft) vorheizen und ein Backblech gründlich einfetten.

2 Für den Teig alle Zutaten mit ½ TL Salz mischen und zu einem Streusel-Teig verkneten. Die Hälfte des Teiges auf das Backblech geben und verteilen. Die Schokoladentafeln auf den Teig legen und zuerst mit Erdnusscreme, dann mit Marshmallow-Creme bestreichen. Die Marshmallows darauf verteilen.

3 Den restlichen Teig auf einer Frischhaltefolie in Größe des Backblechs ausrollen und auf die Marshmallows legen.

4 Den Kuchen im heißen Ofen (Mitte) 25 Minuten goldgelb backen. Den Kuchen aus dem Ofen nehmen und einige Minuten auf dem Blech abkühlen lassen, dann in Quadrate schneiden und am besten noch lauwarm servieren.

RAINBOW-
Cheesecake

FÜR 1 BACKBLECH (20 X 25 CM)

Für den Boden

- 100 g Butter
- 150 g Butterkekse

Für die Cheese-cake-Masse

- 200 g Mascarpone
- 200 g Frischkäse
- 4 EL Milch
- 100 g Zucker
- 1 Pck. Vanillezucker
- 300 g Sahne
- 20 g Sofort-Gelatine
- 1 EL Zitronensaft
- 1 EL Himbeersirup
- 2 EL Kokosmilch
- Lebensmittelfarbgel in Gelb, Pink, Grün, Blau

Zum Garnieren

- bunte Zuckerstreusel

SO GEHT'S

1 Die Butter zerlassen und etwas abkühlen lassen. Die Kekse zerkleinern und mit der Butter vermengen, dann auf ein mit Backpapier belegtes Blech geben und gut andrücken. Etwa 30 Minuten kühl stellen.

2 Für die Cheesecake-Masse Mascarpone, Frischkäse, Milch, Zucker und Vanillezucker cremig rühren. Dann die Sahne steif schlagen und dabei die Gelatine einrieseln lassen. Sahne unter die Creme heben.

3 Die Cheesecake-Masse nun auf vier Schälchen aufteilen und wie folgt einfärben:

- Zitronensaft und gelbe Lebensmittelfarbe
- Himbeersirup und pinke Lebensmittelfarbe
- 1 EL Kokosmilch und grüne Lebensmittelfarbe
- 1 EL Kokosmilch und blaue Lebensmittelfarbe

4 Die Cheesecake-Masse aus den Schälchen esslöffelweise auf dem Keksboden verteilen und glatt streichen. Dabei vermischen sich die verschiedenen Farben zu einem Marmor-Effekt. Den Kuchen mindestens 4 Stunden kühl stellen, am besten über Nacht.

5 Den Cheesecake vor dem Servieren in Quadrate schneiden und mit Zuckerstreuseln bestreuen.

IMPRESSUM

Bibliografische Information der Deutschen Bibliothek.

Die Deutsche Bibliothek verzeichnet diese Publikation in der Deutschen Nationalbibliografie.

Detaillierte bibliografische Daten sind im Internet über http://www.dnb.de/ abrufbar.

EIN BUCH DER EDITION MICHAEL FISCHER

1. Auflage 2022

Reihengestaltung: Yvonne Witzan
Projektleitung und Lektorat: Carina Baier
Covergestaltung und Satz: Emilia Ruppel

Bilder: ©Ahanov Michael/Shutterstock: S. 6; ©New Africa/Shutterstock: S. 7; Emma Friedrichs: S. 27–43, 49–63; Melanie Allhoff: S. 15, 23, 47; Markus Hummels: S. 21, 45; Tamara Staab: S. 17, 19, 27

Illustrationen: ©primiaou/Shutterstock

Texte und Rezepte: Emma Friedrichs: S. 8–11, 26–42, 48–62; Melanie Allhoff: S.14, 22, 46; Markus Hummels: S. 20, 44; Tamara Staab: S. 16, 18, 26

ISBN: 978-3-7459-1233-3

Gedruckt bei Polygraf Print, Čapajevova 44, 08001 Prešov, Slowakei

www.emf-verlag.de